AF263904

NOUVEAU MOYEN

DE RÉPRIMER

LES EXCÈS DU JOURNALISME.

NOUVEAU MOYEN

DE RÉPRIMER

LES

EXCÈS DU JOURNALISME,

Par Eugène **PANOLA.**

Paris,

CHEZ GUSTAVE PISSIN, LIBRAIRE,

PLACE DU PALAIS-DE-JUSTICE, 1.

1838.

AVERTISSEMENT.

La presse périodique a acquis de nos jours une immense puissance désorganisatrice. Beaucoup d'excellens esprits, frappés de la funeste influence qu'elle exerce sur les mœurs, les idées et les passions du peuple ont cherché à lui opposer des barrières qu'elle a toujours franchies; jusqu'à présent on n'a tenté de remédier aux abus de la liberté de la presse que par deux moyens, par la censure et par des lois répressives plus ou moins fortes. Le premier de ces moyens est inapplicable depuis la nouvelle Charte, il ne faut donc plus y songer; quant au second, l'expérience a suffisamment appris qu'il était d'un effet très incertain, et qu'il faisait au moins autant de mal au pouvoir qu'à la presse elle-même. Pénétré de cette dernière idée, j'ai cherché un nouveau moyen de remédier aux inconvéniens du journalisme *sans employer la censure et sans établir de nouvelles peines* ; si je ne m'abuse, je crois l'avoir trouvé, et cette brochure est consacrée à son développement.

NOUVEAU MOYEN

DE RÉPRIMER

LES EXCÈS DU JOURNALISME.

Quelque haute idée qu'on ait de la raison que Dieu a donnée aux hommes, il est impossible de méconnaître les faiblesses et les imperfections qui les déparent. Malgré les développemens que l'éducation donne à leur intelligence, elle reste toujours enfermée entre certaines limites au delà desquelles elle n'aperçoit que des ténèbres. En politique, en morale, dans les lettres, les arts et les sciences, la faiblesse de l'esprit humain est manifestée par les changemens que ses conceptions éprouvent dans la suite des siècles, par les discussions et les différentes manières de voir qui ont constamment divisé les plus grands génies, même sur les questions les plus simples. L'imperfection des hommes est si grande et si générale, qu'il est à peu près impossible qu'ils fassent jamais rien d'absolument parfait ; étudiez les chefs-d'œuvre que les générations se sont transmis d'âge en âge, comme des modèles inimitables de génie et d'éloquence ; parcourez les travaux historiques ou philosophiques des plus forts penseurs des tems modernes ou des tems antiques ; voyez les tableaux, les statues, les monumens que l'univers admire, et partout vous trouverez quelque léger défaut, quelque petite imperfection que n'aura pu éviter tout le génie de leurs auteurs. Il y a plus, si par hasard quelque chose de parfait nous était présenté, il est infiniment probable, il est même certain que nous y trouverions des défauts à cause de la faiblesse de notre nature qui nous empêcherait d'en apprécier toutes les qualités, et qui nous les ferait prendre pour des imperfections. Si nous devons trouver des défauts dans les ouvrages que nous sommes si disposés à admirer et qui ne choquent ni nos intérêts ni nos passions, à plus forte raison doit-il en être ainsi lorsqu'il s'agit d'apprécier des lois et des actions gouvernementales qui ont une si grande influence sur toute notre existence, et qui s'adressent à des intérêts si divergens et à des passions si irritables.

A cause des imperfections de la nature humaine, et surtout à cause de la complication et de la divergence des intérêts des différens membres d'une nation, je considère comme évident qu'il est tout-à-fait impossible qu'un gouvernement puisse jamais rien faire d'absolument bon ; dans ses actes, dans les lois qu'il fera, dans les décisions qu'il rendra, il y aura toujours un côté défectueux qu'il sera facile de critiquer ; et cela, quand bien même il serait animé des intentions les plus louables et les plus généreuses. Or, ce cas est trop favorable pour qu'il puisse se réaliser continuellement ; les gouvernans seront toujours des hommes et par conséquent participeront toujours plus ou moins des vices et des faiblesses de leur espèce.

Que faut-il conclure de là? que la critique des actions gouvernementales est une chose bonne et légitime, que ce n'est que par ce moyen qu'on peut procurer aux sociétés les meilleures lois et les meilleures institutions. Si les gouvernans étaient abandonnés à eux-mêmes, ils se laisseraient tellement aveugler par leurs intérêts et leurs passions, qu'ils parviendraient à trouver très justes et très légitimes, les actes et les lois les plus injustes et les plus illégitimes; au lieu que la critique, éveillant sans cesse leur attention sur les erreurs et les injustices qu'ils peuvent commettre, les excite continuellement à mieux faire.

Mais des principes exposés précédemment, de cette imperfection attachée à toutes les actions humaines, il faut en conclure également que, pour apprécier convenablement un gouvernement, il ne suffit pas de signaler ses erreurs et ses imperfections; car, si l'on voulait se contenter de critiquer le mal sans jamais parler du bien, alors même que la critique serait exempte de haine et de mauvaise foi, il serait toujours facile de trouver de bonnes raisons pour tout blâmer et même pour tout condamner; si l'on ne montrait au public que les imperfections d'une loi ou d'un acte gouvernemental, il serait toujours porté à les rejeter, et le gouvernement serait réduit à une complète immobilité, parce qu'il lui serait à peu près impossible de rien faire de parfait.

L'absence de toute critique conduirait donc le gouvernement au despotisme, tandis qu'une critique trop exclusive réduirait tellement son action, le rendrait si faible et si précaire, qu'il en résulterait des inconvéniens peut-être encore plus graves pour les gouvernés. Remarquez surtout que je ne parle pas ici d'une critique passionnée qui se servirait d'injures et de calomnies, je parle d'une critique grave et décente, mais qui se contenterait de signaler le mal sans jamais parler du bien, qui se contenterait de développer les inconvéniens d'un acte, d'une loi ou d'un projet, sans jamais parler des avantages. Eh bien! je prétends qu'une telle critique produirait à la longue les résultats les plus désastreux; elle exciterait tant de méfiance dans le public, elle entraverait tellement l'action du gouvernement, qu'il lui serait impossible d'exécuter les projets les plus utiles et les plus savamment conçus.

La prudence et la raison nous montrent par là comment les journaux doivent être rédigés pour le plus grand bien de tout le monde, des gouvernés comme des gouvernans; il faut qu'ils fassent connaître au public les avantages et les inconvéniens des lois et des actes du gouvernement. Il faut qu'ils exposent toutes les circonstances et toutes les difficultés qui naissent des opinions et des intérêts divers. — Dans une cour d'assises, les jurés ne se prononcent sur le sort d'un accusé qu'après avoir entendu les témoins à charge et à décharge, l'accusateur public et le défenseur. Par ces précautions on obtient des jugemens aussi justes qu'il soit permis aux hommes d'en prononcer, au lieu que si les jurés n'entendaient que les témoins à charge et l'accusateur du prévenu, il arriverait infailliblement que l'innocence serait toujours condamnée. Dans un gouvernement constitutionnel, le public joue le rôle d'un grand jury qui prononce son jugement le jour des élections; pour que ce jugement soit équitable, il faut donc que les juges aient été à même de connaître le pour et le contre; car s'ils n'ont entendu que les accusateurs du gouvernement, s'ils ne connaissent que les griefs qu'on lui impute, il est infiniment probable qu'ils le condamneront, que sa cause soit bonne ou mauvaise, tandis qu'ils lui auraient été favorables s'ils avaient été instruits du bien et du mal qu'il aurait fait, s'ils avaient été mis en demeure d'apprécier les difficultés de sa position, et surtout s'il leur avait été démontré d'avance qu'il était impossible de mieux faire.

Il faut donc que les journaux instruisent le public de tout ce que fait le gouvernement, il ne faut pas qu'ils se contentent de critiquer le mal en cachant tout ou partie du bien qu'il peut faire; car par ce moyen ils induiraient les citoyens en erreur, et ils exposeraient l'état à des secousses et à des changemens continuels qui seraient très préjudiciables à l'ordre et au bien public. Une partie de cette brochure est destinée à indiquer un nouveau système de presse périodique qui serait exempt de ce grave inconvénient. En attendant l'exposition de ce système, il est facile de s'assurer que la presse actuelle est fort loin de remplir cette condition d'impartialité que je réclame au nom de la justice, de la raison et du bien public.

Les journaux de l'opposition examinent les actes du pouvoir, non pour en apprécier les avantages et les inconvéniens, mais pour en découvrir et signaler les inconvéniens, en les exagérant au gré de leur imagination; en leur qualité de journaux de l'opposition, ils sont si bien convaincus qu'il est de leur devoir de trouver le pouvoir toujours en faute, qu'ils croiraient manquer à leur mission, s'ils se permettaient de louer un acte quelconque du gouvernement. Cela est si vrai, qu'il y a beaucoup de journaux qui passent des années entières sans jamais approuver quoi que ce soit de la part des dépositaires de la puissance publique, pendant que leurs colonnes sont constamment remplies de critiques, de plaintes, de récriminations et d'injures toujours renaissantes.

Lorsqu'il s'agit d'apprécier un acte du pouvoir, il est extrêmement rare que les journaux disent toute la vérité, ils présentent presque toujours les faits de la manière la plus insidieuse ; ils cachent toutes les circonstances atténuantes ou favorables, ils dénaturent les paroles et les actes, ils retranchent une phrase d'un discours, ils ajoutent un mot à une phrase, et ils parviennent ainsi à rendre stupides ou odieuses les idées et les intentions les plus bienveillantes. Dès qu'ils se sont emparés d'un homme ou d'un acte, ils ne les abandonnent jamais, ils renouvellent continuellement leurs attaques avec un acharnement toujours croissant; les récriminations les plus exagérées, les mensonges les plus effrontés, les insinuations les plus malveillantes et les plus perfides sont les moyens ordinaires dont ils se servent pour appeler la haine et le mépris sur les victimes qu'ils ont désignées. Nul n'échappe à leurs malveillantes accusations, les personnages les plus augustes, les hommes les plus éclairés et les plus dévoués au bien public, des femmes même, se voient journellement poursuivis par les épigrammes et les injures les plus déplacées.

La plupart des journaux appartiennent à des partis intraitables, dont ils sont obligés d'épouser les rancunes et les passions. Ils ne prospèrent, ils ne vivent qu'en soulevant les haines et les répugnances de leurs lecteurs contre tout ce qui tient au gouvernement. Lorsque les faits ordinaires ne peuvent pas servir d'aliment à leur critique malveillante, ils en inventent fréquemment qui n'ont jamais existé, et ils basent sur ces mensonges les accusations les plus violentes ; ils harcellent continuellement le pouvoir dans l'intention avouée de le perdre dans l'opinion publique, ils font un appel aux préjugés, aux passions, à l'ignorance de leurs lecteurs ; ils scrutent les moindres détails de l'administration, ils arment leurs yeux de microscopes pour mieux apercevoir les plus petites erreurs, et lorsqu'ils en ont aperçu seulement l'apparence, ils les signalent au public, en appelant sur elles la haine et le mépris de la nation.

Un pareil état de choses doit entraîner les conséquences les plus désastreuses ; la plupart des citoyens, ne pouvant juger les hommes et les actes du pouvoir que d'après les renseignemens qu'ils puisent dans les journaux, ne tardent pas à concevoir la plus mauvaise opinion du gouvernement. Les journaux opposans ne signalant que les erreurs vraies ou fausses du pouvoir, amplifiées et commentées de la manière la plus perfide, leurs lecteurs, même les plus éclairés, finissent par croire que les agens du pouvoir sont ignorans, égoïstes et prévaricateurs. Ce résultat est une conséquence nécessaire de la nature humaine, on ne peut se former une idée quelconque, sur une chose ou sur un homme, que d'après ce qu'on peut en apprendre. Or, il y a fort peu d'hommes qui soient assez éclairés ou assez près du pouvoir pour le juger par eux-mêmes, ils ne peuvent s'en former une opinion que d'après ce qu'ils en apprennent par les journaux ; lors donc, qu'ils lisent tous les matins une longue liste d'erreurs et d'injustices, vraies ou fausses, commises par le gouvernement, lorsqu'ils les voient commentées et répétées sans cesse, il est impossible qu'ils ne finissent pas par haïr et mépriser un pouvoir qu'ils n'entendent jamais approuver, et dont ils ne connaissent que des erreurs et des injustices.

Voyez ce qui se passe dans le commerce ordinaire de la vie : Lorsque deux hommes ont eu quelque démêlé ensemble, si vous n'entendez que l'un d'eux, il vous racontera toujours les choses de telle manière, que vous serez convaincu qu'il a raison. Il vous cachera si bien toutes les circonstances qui lui sont contraires, il saura si bien faire valoir les torts de son adversaire, que vous serez inévitablement conduit à être de son avis. Mais si vous prenez d'autres renseignemens, si vous écoutez surtout les raisons de cet adversaire, votre opinion se changera souvent dans une opinion opposée. De même, si vous entrez dans une cour d'assises, au moment où l'accusateur public lance ses foudres sur l'accusé, vous serez presque toujours de l'avis de l'accusation ; mais vous aurez souvent une opinion contraire, lorsque vous aurez entendu le défenseur. Ce qui se passe dans ces circonstances doit inévitablement se reproduire dans les affaires politiques, car c'est la nature du cœur humain qui le veut ainsi. Celui qui ne lira qu'un journal opposant devra nécessairement concevoir la plus mauvaise idée du pouvoir, parce qu'il ne le jugera que sur des données fausses ou incomplètes, parce qu'il n'entendra que les raisons de ses adversaires ; et comme les données statistiques prouvent que la grande majorité des français ne lit guère que les journaux opposans, il s'ensuit que la grande majorité des français ne peut avoir que de très fausses idées du gouvernement.

Voilà, n'en doutez pas, la principale cause qui rend en France le pouvoir si faible et si instable. Il y a une foule d'hommes paisibles et loyaux, dont les intérêts sont très favorables à la cause de l'ordre et de la tranquillité, et qui sont néanmoins très opposés au pouvoir. Ils s'en méfient, ils sont convaincus, qu'il ne sait rien faire de bon, qu'il est avide, ignorant et de mauvaise foi, et ils croient faire acte de bons citoyens, en lui suscitant tous les embarras qui sont à leur disposition. Si vous leur demandez, quelles sont les causes de leur opposition, ils vous répètent toutes les vagues accusations, toutes les calomnies et tous les men- songes qui remplissent les feuilles opposantes.

Cette situation me paraît très grave et digne d'attirer l'attention des meilleurs esprits. Cet appel permanent fait à toutes les passions et à tous les préjugés de la société, doit nécessairement entraîner tôt ou tard la ruine de l'ordre et même de la liberté. Avec ce système d'accusations et de défiances, continuellement dirigées contre le pouvoir, il est impossible qu'il n'arrive pas un moment où tout gou- vernement sera impossible, à moins qu'on n'emploie de bonne heure des remèdes proportionnés au mal.

Ne croyez pas surtout que des lois répressives, quelque sévères qu'elles soient, puissent détruire les inconvéniens que je viens de signaler. En effet, ces lois ne punissent et ne peuvent punir que les délits flagrans, que les attaques un peu trop ouvertes contre l'ordre et les lois. Par exemple, si un journal excitait à la révolte, qu'il accusât un ministre de vol ou de trahison, qu'il insultât directement le roi, il est certain que ces délits pourraient être prévus et punis par des lois. Mais si un journal cache entièrement un fait avantageux au gouvernement, ou bien s'il en parle, en cachant le côté favorable, et qu'il n'en montre que le côté défavorable en l'amplifiant, y aura-t-il des lois pour punir un tel délit? On conçoit que c'est tout-à-fait impossible. Le journal traduit devant les jurés se défendrait en disant qu'il n'a reconnu aucun des avantages de l'acte, du projet, ou de la loi en question, qu'il n'en a aperçu que les inconvéniens qu'il a signalés. Croit-on qu'on trouverait un jury français disposé à punir un journal pour le fait d'ignorance? Non certainement, de sorte que les lois ne pourront jamais empêcher les journaux opposans de cacher le bien du gouvernement et d'en exagérer le mal, et de cette seule circonstance découlent les plus graves inconvéniens.

Mais ce n'est pas tout.

Si un ministre ou un député ministériel prononcent un discours à la tribune, et qu'un journal n'en rapporte que les parties les plus faibles, qu'il supprime les plus forts argumens, les raisons décisives; s'il y change quelques mots, qui en dénaturent le sens en lui donnant un caractère ridicule; s'il fait des commentaires, dans lesquels il traite ce discours de fade et d'insignifiant; s'il fait des plaisanteries sur un mot échappé à l'orateur, sur une idée méchamment travestie; traduirez-vous le journal en cour d'assises, pour n'avoir pas trouvé ce discours assez beau, pour avoir fait des plaisanteries sur un mot, sur une idée? Voudrez-vous le faire punir, pour n'avoir pas rapporté une phrase qu'il dira n'avoir pas entendue? On voit encore que c'est tout-à-fait impossible. De sorte, que les journaux auront donc le droit de railler impunément les agens du pouvoir, de verser l'odieux et le ridicule sur leurs paroles et leurs personnes. Or, lorsqu'on connaît le caractère de notre nation et la grande action que le ridicule exerce sur elle, on comprend facilement la fatale influence que ce droit doit donner aux journaux.

Je pourrais étendre indéfiniment ces citations, mais je

crois que c'est inutile. La moindre expérience des journaux apprend qu'il peuvent impunément répandre les erreurs les plus funestes, sans qu'aucune loi répressive puisse les en empêcher. Ils peuvent inspirer des doutes sur la probité des gouvernans, faire croire que les finances sont gaspillées ; que les dépenses sont exagérées, que les sinécures, que les fraudes de tous les genres absorbent la plus grande partie des impôts. Ce premier mal est déjà fort grave, parce qu'on est disposé à croire à toutes les calomnies qu'on répand contre des hommes dont on suspecte la loyauté. Mais en outre, les journaux ont le droit de travestir les actions gouvernementales, et de les critiquer de la manière la plus amère et la plus déplacée. Ils peuvent cacher entièrement le bien des gouvernans et ne parler que de leurs erreurs, vraies ou fausses, en les exagérant. Ils peuvent tronquer leurs actes et leurs discours afin de leur donner une couleur ridicule ou odieuse. Les ministres, les députés, les pairs de France, tous les agens du gouvernement et la famille royale elle-même, peuvent impunément être attaqués, soit directement, soit indirectement, par des critiques exagérées, des épigrammes ou des calomnies. Et, je le répète encore, il est radicalement impossible de détruire ou même de diminuer ces abus avec des lois répressives, quelque fortes ou quelque faibles qu'elles soient. La nature des choses, les propriétés du cœur humain et l'état de nos mœurs s'y opposent absolument.

Avant d'aller plus loin, il est bon de prévenir une objection qu'on serait tenté de faire : « Les journaux de l'oppo-
» sition, pourrait-on me dire, remplissent leur rôle, en
» attaquant les actes du pouvoir. Si celui-ci se trouve
» injustement attaqué, il a ses journaux pour se défendre,

» et par ce moyen disparaissent tous les inconvéniens que
» vous avez signalés. Les journaux de l'opposition attaquent,
» ceux du ministère défendent, et le public, suffisamment
» éclairé, juge en dernier ressort. »

Un coup d'œil, jeté sur la manière dont les choses se
passent, suffit pour détruire ce raisonnement. En effet, les
journaux ministériels ont leurs lecteurs, comme les journaux opposans ont les leurs, et le même lecteur lit
rarement les journaux des deux camps (1). De sorte que,
lorsque le pouvoir se défend dans ses journaux, il arrive
presque toujours, qu'il parle devant des hommes qui ne
connaissent même pas l'attaque dont il a été l'objet, et
que ceux qui la connaissent, n'entendent presque jamais
parler de la défense. Les journaux de l'opposition ont
grand soin de cacher cette défense à leurs lecteurs, ou s'ils
en parlent, c'est ordinairement en la défigurant, avec la
plus scandaleuse mauvaise foi. Ils affaiblissent ou dénaturent les argumens, ils tronquent les phrases, ils en prennent souvent quelques mots au hasard qu'ils assemblent de
manière à leur faire dire le contraire de ce qu'ils signifient
réellement, puis ils s'écrient, d'un ton triomphant, que le
ministère est si complètement battu, que ses défenseurs
eux-mêmes conviennent de sa défaite. Ce serait une chose
fort curieuse que de faire un livre qui contiendrait certaines discussions entre les journaux ministériels et les journaux de l'opposition. On y verrait que les sujets ne sont

(1) Ce n'est que dans les cabinets de lecture des grandes villes, que
les lecteurs ont la possibilité de lire plusieurs journaux, mais dans les
petites villes et dans les campagnes, où sont la plupart des électeurs,
on ne lit jamais qu'un seul journal.

presque jamais abordés franchement, que la mauvaise foi la plus insigne préside à toutes les discussions. Les journaux de l'opposition ne tiennent aucun compte, ni des raisonne-mens les plus rigoureux, ni des faits les plus décisifs; des sophismes, des injures, des paradoxes présentés avec une confiance et avec un orgueil incroyables, forment le fond ordinaire de toutes leurs discussions. Pendant que les jour-naux ministériels s'occupent d'un point de la question, leurs adversaires répondent en traitant un autre point qui n'est pas même en discussion. De sorte, qu'il en résulte une suite de coups portés à faux, un chaos et un désordre cal-culés, éminemment favorables à la propagation des menson-ges et des calomnies.

Ce qui produit la confiance des journaux de l'opposition, c'est qu'ils sont convaincus que leurs lecteurs ne voudront ou ne pourront lire les journaux ministériels. Ils savent qu'ils ont des lecteurs préparés de longue main chez qui ils ont su développer leurs haines et leurs passions. Lors-qu'un journal opposant veut répondre à un journal ministé-riel, et qu'il défigure les faits, qu'il tronque les raisonne-mens de son adversaire, ses lecteurs iront-ils lire le journal ministériel? Ils ne le pourront presque jamais, quand même ils le voudraient. Aussi le journal opposant a-t-il toujours raison aux yeux de ses lecteurs, et les écrivains ministériels ont-ils toujours tort, quels que soient leur talent et la justice de leur cause, parce que leurs adversaires ne lisent presque jamais leurs écrits.

On a quelquefois comparé un journal à une vaste tri-bune, qui mettrait en rapport les citoyens les plus éloignés pour les faire assister ensemble à la discussion des affaires publiques. La comparaison est assez exacte, mais voici de

quelle manière : Un journal est une tribune où une demi-
douzaine d'orateurs, ont *seuls* le droit de parler. Ils abordent tous les sujets, ils traitent toutes les questions morales
et politiques, ils pérorent sur l'industrie, les arts, les sciences, la paix et la guerre, ils critiquent tous les actes du
pouvoir, ils en cachent le bien, ils n'en montrent que le
mal, en l'amplifiant à leur gré; ils s'adressent à l'orgueil,
à l'égoïsme, à l'ignorance de leurs auditeurs, ils soulèvent
leurs préjugés et leurs passions, et personne n'a le droit de
les contredire, personne n'a le droit de démontrer la fausseté de leurs raisonnemens ou l'exagération de leurs prétentions. Pourvu qu'ils ne provoquent pas ouvertement au
pillage, ni au meurtre, pourvu qu'ils ne traitent personne
de voleur ou d'assassin, ils ont le droit de dire impunément
à peu près tout ce qu'ils veulent. Les hommes les plus éle-
vés, les plus distingués par leur patriotisme et leurs
talens, peuvent être impunément abreuvés d'injures et de
railleries, baffoués et traînés dans la boue. Malheur à qui
déplaît à ces redoutables tribuns ! Ils le présentent aussitôt
à la foule comme un égoïste, un lâche et un ignorant. Ils
racontent ce qu'il fait et ce qu'il dit, en le dénaturant de
manière à le faire passer pour un imbécille ou un fou. Ses
paroles, ses actions les plus belles, horriblement défigurées,
sont autant de preuves de son ignorance et de son incapacité.
Et si le malheureux, ainsi outragé, veut répondre quelques
mots, aussitôt les cris, les plaintes et les huées redoublent
avec une nouvelle fureur aux applaudissemens de la multi-
tude. Si quelqu'un plaît, au contraire, à ces prétendus
échos de l'opinion publique, ils commentent ses actions
avec les éloges les plus exagérés, ils s'extasient devant
chaque parole qu'il prononce, ils admirent ses gestes, sa

voix, sa canne, les cordons de ses souliers ; en un mot, ils en font un demi-dieu, et la foule ébahie se prosterne humblement devant l'idole qu'on présente à ses stupides adorations. Voilà comment un journal ressemble à une tribune ; c'est une tribune où quelques orateurs ont le droit de tout critiquer, de tout nier, de tout affirmer, de tout défigurer avec la certitude d'avoir toujours raison, parce qu'eux seuls ont le droit de s'y faire entendre.

En présence de ces graves abus, que faut-il faire ? Faut-il supprimer la liberté de la presse et rétablir la censure ? Je suis loin de demander une telle mesure. La liberté de la presse, malgré ses abus, est une source trop féconde d'améliorations et de bienfaits pour qu'on puisse songer à la détruire. Je désire qu'on laisse aux journaux toute la liberté dont ils jouissent aujourd'hui, mais en même tems, je demande formellement qu'on supprime les abus que je viens de signaler. Ces abus, ainsi qu'on vient de le voir, consistent, en résumé, dans le droit qu'ont les journaux de cacher les bienfaits du gouvernement, de critiquer ses actes en les défigurant et en n'en présentant que les côtés défectueux considérablement amplifiés, de ne faire connaître que les faits, les actes et les discours qu'ils veulent et de la manière qu'ils le veulent, et enfin dans la faculté qu'ils ont de raisonner et de déraisonner à leur aise sur tous les sujets possibles. Pour détruire ces abus, voici les moyens infaillibles et bien simples que je propose : 1° Les journaux seront totalement affranchis des droits de timbre et de transport ; ils circuleront dans toute l'étendue du royaume sans payer aucun droit, mais en échange ils seront obligés de céder au gouvernement une partie de leurs colonnes jusqu'à concurrence des droits dont ils auront été affranchis. Supposons, par exemple, que les droits actuels équivalent à la moitié des frais d'un journal, il en sera affranchi par la suite, mais la moitié des colonnes de ce journal appartiendra au gouvernement qui les fera remplir *tous* les jours par les articles qu'il voudra y mettre, et le journal sera obligé de les imprimer lui-même et à ses frais sans avoir le droit d'y changer un seul mot. Cette évaluation devra être faite d'une manière assez large pour que les intérêts pécuniaires des journaux soient plutôt favorisés que blessés par ces dispositions.

2° Les écrivains qui rédigent aujourd'hui les journaux ministériels, aidés de quelques autres, s'il est nécessaire, seront chargés de rédiger les articles que le gouvernement fera insérer *tous* les jours dans tous les journaux opposans. Ils redresseront les erreurs et les omissions qu'ils reconnaîtront dans leurs colonnes, ils feront connaître au public tous les faits qu'ils jugeront avantageux à l'état; ils rétabliront ceux qui auront été défigurés. Ils appelleront les discussions des journaux et du public sur tous les sujets qu'ils jugeront utiles au bien général. Ils s'attacheront à éclairer les questions que l'ignorance ou la mauvaise foi auront obscurcies. Défendre les hommes et les principes, propager la vérité, combattre l'erreur, dissiper les préjugés, voilà quelle sera la noble fonction de ces écrivains. Leur action sera continuelle et universelle; tous les jours, dans tous les journaux de Paris et de la province, il y aura la moitié ou le tiers des colonnes qui sera consacré à la défense de l'ordre et à la propagation de la vérité.

Mais, pour obtenir tous les avantages qu'une pareille institution pourrait donner, il serait nécessaire de l'établir d'une manière imposante. Il faudrait choisir dans toutes les spécialités possibles des hommes fermes, habiles et laborieux. Les uns seraient chargés de traiter les questions de finance, d'autres les questions de droit, d'autres les questions industrielles, administratives, etc., etc. Aussitôt qu'un journal *se permettrait* de tenter d'égarer l'opinion publique sur une question, à l'instant, un ou plusieurs hommes de talent, qui connaîtraient parfaitement le sujet, démontreraient l'ignorance ou la mauvaise foi du journal, en se servant des colonnes mêmes de ce journal. Ces écrivains devraient être organisés d'une manière compacte et homogène pour qu'au besoin toutes leurs forces réunies pussent se porter au secours de celui qui en aurait besoin.

Aujourd'hui les écrivains qui défendent le gouvernement sont raillés et injuriés par les journaux de l'opposition qui les accablent des épithètes les plus flétrissantes. Ils se défendent sans doute avec beaucoup de talent dans leurs journaux, mais comme leurs écrits ne parviennent guère au public que par les extraits pâles et défigurés qu'en donnent les journaux de l'opposition, il en résulte que ces écrivains sont très peu appréciés, et surtout très mal jugés. On suspecte leurs intentions, on doute même de leurs talens, tandis que si les choses étaient arrangées comme je le demande, les écrivains ministériels lutteraient à armes égales contre leurs adversaires, de sorte qu'il n'y aurait entr'eux d'autre différence que celle qu'établiraient l'éloquence et la raison.

Par ces dispositions, les journaux opposans, n'oseraient plus se permettre contre les écrivains ministériels des injurieuses accusations de servilisme et de vénalité si fréquentes aujourd'hui parce qu'elles sont toujours impunies; ou s'ils se les permettaient, ils trouveraient aussitôt de redoutables adversaires qui répondraient victorieusement à leurs insolentes accusations. La position des écrivains ministériels s'éleverait ainsi beaucoup aux yeux du public en même tems que leur influence s'étendrait. Leur fonction serait considérée comme une sorte de magistrature chargée de défendre la vérité, l'ordre et les lois. Leur voix, aujourd'hui si faible et si peu connue, se répandrait avec éclat dans toute la France pour combattre les erreurs et pour dissiper les répugnances et les préjugés que les journaux de l'opposition excitent avec tant de malveillance.

Indépendamment des écrivains chargés de combattre toutes les erreurs propagées par les journaux de la capitale, il devrait y avoir un ou deux écrivains d'élite dans chaque département pour surveiller les journaux de la province. Tous ces écrivains (qu'on pourrait appeler les magistrats de l'ordre et de la vérité) devraient être en correspondance continuelle. Ceux de la province communiqueraient à ceux de Paris, et réciproquement, tous les faits importans, toutes les idées et les projets qu'il serait bon de mettre à la connaissance du public. Les uns enverraient aux autres tous les renseignemens relatifs aux faits que les journaux opposans tenteraient de défigurer. Il serait bon qu'ils fussent en rapport avec les principaux fonctionnaires, et qu'ils pussent prendre dans toutes les administrations les renseignemens dont ils pourraient avoir besoin, afin qu'ils fussent toujours prêts à traiter tous les sujets.

En outre, ils devraient avoir des correspondans dans toutes les capitales de l'Europe et dans tous les lieux qui sont le théâtre d'événemens importans. Les courriers du gouvernement, le télégraphe, les confidences ministérielles, les secours de toutes les administrations publiques, dé-

vraient concourir à augmenter leur force et leur influence.
Toute la France, toute l'Europe devraient être couvertes
d'un réseau d'hommes éprouvés toujours prêts à attaquer
l'erreur et à combattre pour la vérité, l'ordre et les lois. En
un mot, à l'attaque incessante et acharnée que les journaux
opposans dirigent contre le gouvernement, il faut opposer
une défense régulière et organisée d'une manière redoutable. A ces écrivains isolés, découragés et à demi-vaincus
avant de combattre, il s'agit de substituer une invincible
phalange capable de foudroyer quiconque aurait l'audace
de franchir les bornes de la justice, de la décence et de la
raison.

Si l'on adoptait le plan que je propose, je réponds que
les allures des journaux seraient complètement changées
avant deux mois. En premier lieu il ne leur serait plus
permis de cacher les faits qui sont contraires à leurs passions ou favorables au gouvernement, car il y aurait constamment des hommes chargés de faire insérer ces faits
dans leurs colonnes, même malgré eux. Il ne leur serait
plus permis de défigurer les intentions, d'altérer la vérité,
ou d'émettre de perfides insinuations, car dans le même
journal, le même jour, à la même page, les faits seraient
présentés dans toute leur vérité. Plus de ces sophismes, de
ces vaines déclamations, de ces raisonnemens passionnés,
car à l'instant même ils seraient dévoilés et anéantis. Assu-
rés que les journaux sont aujourd'hui de parler sans con-
tradicteurs, ils se permettent les raisonnemens les plus in-
complets et les plus absurdes; ils abordent toutes les questions avec une incroyable légèreté et souvent sans y rien
comprendre. Pourquoi se donneraient-ils la peine de dis-
cuter avec connaissance de cause, puisque des sophismes et

des mensonges suffisent pour leur donner raison auprès de leurs bénévoles lecteurs ? Ah ! que les choses changeraient de face, si mon plan était adopté ! qu'il serait facile de mettre à la raison ces insolens bavards devant lesquels aujourd'hui tout le monde tremble !

Quelle que soit la malveillance dont les journaux opposans sont animés envers le gouvernement, ils reconnaissent qu'il fait souvent de bonnes choses, et la preuve, c'est qu'ils ne critiquent pas tout ce qu'il fait. Mais lorsque le gouvernement fait quelque chose de si évidemment bon que les journaux n'osent pas le critiquer, ils se contentent de n'en pas parler ou d'en dire seulement deux mots, puis tout est fini, ils se remettent à critiquer autre chose. Par ce moyen, les citoyens perdent de vue les choses utiles que fait le gouvernement, et ils ne pensent qu'aux erreurs vraies ou fausses qu'on leur signale continuellement. Si la presse était réglée comme je l'entends, le gouvernement pourrait appeler l'attention publique sur tout ce qu'il ferait de bien ; il pourrait faire connaître les difficultés qu'il aurait vaincues, la constance et le talent de ceux qui les auraient surmontées, les bons résultats qu'on en aurait obtenus. De cette manière on reviendrait peu à peu de cette opinion que le gouvernement ne fait rien de bon ; la nation verrait que dans toutes les administrations publiques il y a des hommes zélés, probes et éclairés. Les répugnances, les préjugés et les méfiances s'évanouiraient et le pouvoir gagnerait immensément en influence et en stabilité.

Dans une foule de circonstances il est arrivé que le pouvoir s'est trouvé arrêté dans l'accomplissement de ses projets par des préjugés qui existaient naturellement dans la société ou qui étaient excités par les journaux opposans.

Il a été fort souvent arrêté dans le bien qu'il voulait faire, parce que le public ne le comprenait pas suffisamment. Dans toutes ces circonstances les journaux opposans suivent une méthode invariable ; ils ne tiennent aucun compte ni des bonnes intentions du pouvoir, ni des bons résultats que produiraient ses projets ; ils ne sont préoccupés que d'une chose, de grossir les ennemis du gouvernement. Ils s'appuient sur les répugnances et sur les préjugés du peuple quelque ridicules qu'ils soient, ils les étendent, les développent de la façon la plus déloyale, jusqu'à ce qu'enfin le pouvoir soit obligé de reculer devant les clameurs qu'on fait entendre autour de lui. Je citerai comme exemple le projet qu'on eut l'année dernière d'employer les fonds déposés dans les caisses d'épargne pour faire de grands travaux publics ; certes, je doute qu'on eût encore conçu un projet plus utile ; dans cette idée de faire servir les produits du travail à faire exécuter de nouveaux travaux, il y a quelque chose de si grand, de si moral et de si fécond, que toutes les haines auraient dû en être désarmées. Cependant, à la honte éternelle des journaux opposans, ce projet n'eut aucune suite, à cause des répugnances qu'ils excitèrent dans l'esprit du peuple. Pendant qu'on ne songeait qu'à l'enrichir, les journaux eurent l'infamie de lui faire croire qu'on voulait le voler. — Quelque chose d'analogue se passe en ce moment : le gouvernement vient de faire connaître le plan qu'il a conçu de couvrir la France d'un immense réseau de canaux et de chemins de fer ; c'est sans contredit le plus beau projet que les hommes aient jamais conçu dans aucun pays. Cependant, malgré la grandeur de l'entreprise et l'éclat qu'elle jetterait sur la France, malgré les avantages incalculables que tous les citoyens en retireraient, malgré

l'élan qu'il donnerait à l'industrie, au commerce, à la for-
tune publique, les journaux font tous leurs efforts pour le
faire échouer. Quand je vois d'aussi coupables manœuvres,
je l'avoue, j'ai peine à comprimer l'indignation et la colère qui m'animent. — Je pourrais citer beaucoup d'autres
exemples de ce genre, on verrait que les journaux opposans ne songent qu'à grossir les haines et les méfiances du
peuple ; ils veulent discréditer, avilir le pouvoir, le réduire
à une impuissance complète, et, pour arriver à ce but, ils
ne dédaignent pas de descendre jusqu'aux moyens les plus
méprisables et les plus désastreux.

 Si mon projet était adopté, le gouvernement y trouverait
des moyens tout-puissans pour combattre la malveillance
des journaux et pour dissiper les préjugés les plus enra-
cinés. Lorsqu'il aurait l'intention de faire quelque chose
d'avantageux au bien public, et qu'il aurait à lutter contre
des préjugés populaires, il aurait la faculté d'attaquer ces
préjugés à l'avance et de préparer peu à peu l'esprit public
à l'adoption de ses idées. Les obstacles mêmes que lui op-
poseraient les journaux favoriseraient la destruction de ces
préjugés, car il en résulterait des discussions prolongées
entre les journalistes de l'opposition et les journalistes du
pouvoir qui montreraient au public l'erreur dans laquelle
il pourrait être. Aujourd'hui les écrivains du gouvernement
cherchent bien à éclairer la nation, ils font de très beaux
articles pour justifier telle ou telle mesure, pour éclairer
tel ou tel principe, mais que résulte-t-il de tant de talent
et d'efforts ? rien ou presque rien. Les journaux opposans
ne tiennent aucun compte des raisons qu'on leur donne,
ou s'ils s'en occupent, c'est pour les défigurer et pour leur
donner une tournure ridicule, et leurs lecteurs restent tou-

jours convaincus de l'impuissance et de la mauvaise foi du pouvoir.

Dans l'état actuel des choses, le gouvernement n'a aucun moyen d'agir sur les erreurs, les répugnances et les préjugés du peuple. Lorsqu'il veut exécuter un projet quelconque et qu'il rencontre un de ces préjugés, quelqu'injuste, quelque ridicule qu'il soit, il lui est absolument impossible d'aller plus loin, c'est une barrière d'airain devant laquelle il est obligé de s'arrêter. Quelle différence dans les résultats si le gouvernement était soutenu par une milice intellectuelle, puissamment organisée, dont la tête serait à Paris et dont les bras s'étendraient de toutes parts pour faire briller à tous les yeux le flambeau de la raison et de la vérité! A un signal donné, l'attention universelle pourrait être appelée sur une idée, sur un projet, sur une erreur populaire. Toute la nation en masse serait obligée d'écouter l'enseignement que le gouvernement lui donnerait. Son attention pourrait être fixée sur le même sujet pendant huit jours, un mois, un an, jusqu'à ce que l'erreur fût reconnue, ou le préjugé détruit. Tous les intrigans qui cachent leurs rancunes ou leur ambition déçue sous le masque de la justice ou du patriotisme seraient dévoilés et flétris devant le tribunal de l'opinion publique. Alors le gouvernement ne serait plus entravé dans sa marche par ces basses manœuvres qui étouffent tout le bien qu'il voudrait faire. Il pourrait songer sérieusement à l'amélioration du sort intellectuel, moral et matériel du peuple. Il pourrait se proposer l'exécution de ces grands projets qui demandent autant de tems que de constance et de talent. Libre désormais dans ses actions, n'ayant besoin de consulter que les principes de la justice et de la raison, il marcherait, aux applaudissemens de la France, dans une voie de progrès et d'améliorations indéfinies ; tandis qu'aujourd'hui , harcelé de toutes parts, constamment méconnu et diffamé, vivant au jour le jour, il est obligé de se traîner, d'un pas chancelant, au milieu des plus petites intrigues, des plus petites passions, jusqu'à ce qu'il succombe sous le poids des répugnances et des préjugés soulevés contre lui.

L'adoption de mon projet fournirait au gouvernement des armes redoutables, non seulement pour se défendre contre les journaux de l'opposition, mais encore pour les attaquer à son tour. Il pourrait critiquer avec avantage leurs principes, leurs raisonnemens et leurs prétentions, ce qu'il ne peut faire avec le système actuel, parce que les articles des journaux ministériels se perdent dans le désert, ou du moins arrivent rarement à la connaissance des lecteurs des journaux opposans. Il pourrait les railler sur leurs prophéties presque toujours démenties, sur la versatilité de leurs principes, sur les mensonges qu'ils débitent tous les jours avec tant d'impudence ; et certes la matière ne manquerait pas, car il n'est pas possible de pousser l'abus de la parole écrite plus loin que le font nos journaux grands et petits. Ils babillent à tort et à travers sur tous les sujets qui se présentent ; ils s'occupent des finances, des lois, des actes de l'administration ; ils remplissent leurs colonnes de tous les anas et de toutes les niaiseries qui se débitent en Europe. A chaque instant, il est vrai, leurs idées et leurs assertions se trouvent démenties par les faits, mais cela ne les empêche pas de parler de tout avec une risible suffisance. Ils livrent des batailles ; ils font et défont les ministères ; ils se prétendent initiés aux secrets les plus cachés de la diplomatie ; ils vous disent jour par jour ce qui arrivera dans un an ou dans deux; en un mot, ils savent tout, le présent, le passé et l'avenir. Du fond de leurs bureaux, ils ont la prétention de régler les destinées des peuples et des rois.

Leurs idées et leurs principes changent au gré de leurs intérêts. Il y a tel journaliste qui soutient aujourd'hui le contraire de ce qu'il soutenait il y a un an, parce que sa position et ses intérêts ne sont plus les mêmes. Dans ces palinodies, dans ces mensonges débités avec tant d'assurance, dans cette ignorance des choses et des principes, que de sujets de critique et de raillerie, quelle abondante moisson d'épigrammes !

Ces fiers tribuns, qui se disent si incorruptibles, et dont la grande âme se révolte à l'idée d'approuver le bien que fait le pouvoir, sont eux-mêmes les plps corrompus des hommes. Dès qu'il n'est plus question de politique, on leur fait soutenir, en payant, les idées les plus absurdes et les mensonges les plus flagrans. Pour quelques écus ils ouvrent leurs colonnes à tous les charlatans qui veulent exploiter la crédulité publique. Dans la littérature, les arts ou les sciences ils se laissent conduire par la plus révoltante partialité, par le plus méprisable esprit de camaraderie. Qu'un auteur publie l'ouvrage le plus fade et le plus insignifiant, s'il a des amis dans la rédaction des journaux, ou quelques centaines de francs à donner, il aura la satisfaction de se faire donner un certificat de génie et de se faire signaler à l'admiration publique par nos modernes Gracques.

L'un de nos journaux les plus accrédités, et soi-disant les plus incorruptibles, ne laisse jamais passer trois jours sans signaler au public les vertus incomparables de quelque remède contre les maladies secrètes. Frappé de cette fréquence, j'ai eu la patience de compter combien ce beau rôle lui valait par an. En évaluant le prix des insertions d'après son propre tarif, je me suis assuré qu'il ne recevait pas moins de douze mille francs par an. Oui, l'un de nos plus célèbres journaux, l'un de ceux qui crient le plus contre les écrivains qui sont ou ne sont pas payés pour soutenir l'ordre et les lois, celui-là même reçoit douze mille francs par an de tous les honteux charlatans qui veulent exploiter l'infamie publique, et parmi les éloges qu'il leur donne ou leur laisse donner, il y en a plusieurs qui contiennent des détails tellement cyniques et dégoûtans que je croirais insulter mon lecteur si je les rapportais.

Aujourd'hui toutes ces sottises restent impunies. Les journaux grands et petits peuvent parler à tort et à travers sur tous les sujets possibles; ils peuvent critiquer, injurier, diffamer ceux qui ne leur plaisent pas, porter aux nues ceux qui les paient ou ceux qui leur plaisent. Ils peuvent déraisonner sur tout, hasarder les plus extravagantes prophéties, et toujours impunément. Lorsqu'ils se trompent, lorsque l'expérience vient donner un éclatant démenti à leurs maximes, et à leurs assertions, ils se tirent d'affaire en n'en parlant plus, et leurs lecteurs sont d'ordinaire trop distraits pour remarquer leurs bévues. Si par hasard leurs conjectures se réalisent au contraire, ils ne cessent de se donner à eux-mêmes les éloges les plus flatteurs et les plus exagérés. Ils se proclament seuls grands, seuls clairvoyans, seuls infaillibles, et les badauds qui les lisent de faire chorus avec eux et de s'écrier, qu'il n'y a que les journalistes de l'opposition qui entendent quelque chose aux affaires, et que les agens du pouvoir ne sont que des imbécilles qui devraient être envoyés aux petites maisons.

Si mon plan était adopté, les journaux opposans seraient

obligés d'être bien autrement réservés qu'ils ne le sont. Les écrivains, ou plutôt les magistrats, qui seraient continuellement chargés de les surveiller, ne laisseraient jamais passer l'occasion de relever leurs bévues. Ils remettraient sans cesse sous les yeux du public les erreurs qu'ils auraient commises, les mensonges qu'ils auraient propagés. Lorsqu'ils voudraient s'occuper de sujets qu'ils ne comprendraient pas ou qu'ils voudraient dénaturer, on les prendrait aussitôt en flagrant délit d'ignorance et de mauvaise foi. C'est dans les colonnes de leurs journaux, dans leurs propres ateliers que s'imprimeraient les articles qui les démasqueraient, et, par ce moyen, ils seraient obligés de préparer eux-mêmes les verges dont on les frapperait.

Les journaux devraient être critiqués, non seulement lorsqu'ils s'occuperaient de politique, mais encore dans toutes les autres circonstances. Toutes les fois qu'ils se permettraient un jugement injuste ou exagéré sur un sujet de littérature, de science ou de beaux-arts, toutes les fois qu'ils laisseraient échapper une erreur quelconque, à l'instant même, ils devraient être traduits au tribunal de l'opinion publique pour y être jugés et flétris comme ils le mériteraient. Lorsque l'un d'eux, mû par l'intérêt, ou par un esprit de parti ou de camaraderie, chercherait à tromper le public en faisant de pompeux éloges d'ouvrages ou d'actions qui ne le mériteraient pas, il devrait être aussitôt démasqué à la face de l'Europe. On montrerait les erreurs qu'il aurait commises, on mettrait au grand jour les intérêts particuliers ou les passions qui l'auraient fait agir. En un mot, les journaux devraient être impitoyablement poursuivis et harcelés, jusqu'à ce qu'ils fussent rentrés dans les limites d'une critique décente et loyale qu'ils n'auraient jamais dû dépasser. Il faudrait qu'un journaliste, en écrivant un article, vît constamment devant lui une main inexorable et toute-puissante, toujours prête à dévoiler son ignorance et ses passions.

Les journalistes opposans, ayant parlé jusqu'à présent sans être contredits, sont parvenus à donner la plus haute idée de leurs talens, de leur courage et de leurs vertus. Une grande partie du public pousse la confiance jusqu'au point de les croire infaillibles. Cette circonstance est extrêmement fâcheuse, car elle les rend à peu près maîtres absolus de l'opinion publique. En politique, en littérature, en législation, en morale, dans les arts, sur tous les sujets enfin, ils inspirent au public leurs idées, leurs passions et leurs répugnances, quelque déplacées qu'elles soient. Il faut voir les choses pour croire quelle aveugle confiance la plupart des lecteurs accordent aux journaux opposans. Ils ne voient, ils n'approuvent, ils n'admirent que ce que voient, approuvent ou admirent leurs journaux habituels. Les écrivains, les hommes d'état, les députés, les artistes prônés par ce journaux, deviennent aussitôt de grands hommes qu'adore le stupide vulgaire, pendant que les hommes les plus dignes et les plus vertueux, les plus grands citoyens dont la France s'honore, se trouvent raillés, méprisés, honnis, lorsque cela plaît aux cinquante déspotes qui règlent l'opinion de tous les badauds de France. Comment en serait-il autrement ? Les journaux ont le droit de dire à peu près tout ce qu'ils veulent sans jamais être contredits. Ils cachent tous les faits qui leur sont contraires ; ils parlent à satiété de tous ceux qui leur sont favorables ; ils les étendent, les embellissent au gré de leur imagination ; ils ne reculent devant aucun moyen. Les railleries, les épi-

grammes, les mensonges, les calomnies, les perfides insinuations, les appels aux passions et aux préjugés les plus
ridicules de leurs lecteurs, sont des moyens qu'ils considè-
rent comme très légitimes, pourvu qu'ils les conduisent à
leur but. Pour qu'un lecteur pût résister à de telles influences, il faudrait qu'il fût doué d'une intelligence très supé-
rieure, et qu'il lût les journaux avec la plus grande attention. Or, cela n'est pas ordinairement; les lecteurs lisent
les journaux trop rapidement pour qu'ils puissent distinguer
l'erreur de la vérité, les données nécessaires leur manquent
le plus souvent, parce qu'on a grand soin de les leur cacher :
et d'ailleurs tel n'est pas leur but; ils lisent les journaux
pour se distraire, pour passer une heure agréable; ils rient
des épigrammes, ils s'amusent des anecdotes vraies ou fausses qu'on leur raconte, et plus il y a de scandale, plus ils
sont contens.

Il est extrêmement important que le public connaisse la
valeur réelle des journaux. Il faut qu'il sache qu'ils se trompent très souvent. Il faut qu'il apprenne à connaître les intérêts mesquins, les passions basses et malveillantes qui les dirigent si souvent. Lorsqu'il verra combien ils sont ignorans sur
tant de sujets dont ils s'occupent journellement; lorsqu'il
saura que leurs jugemens sont dictés le plus souvent par
l'ignorance et la passion, il sera beaucoup plus réservé dans
la confiance qu'il leur accordera, et ces hauts et puissans sei-
gneurs ne seront plus les maîtres absolus de l'opinion publique, à moins qu'ils ne changent totalement de conduite.

Un autre abus très grave qu'il est indispensable de faire
cesser, c'est la manière dont les journaux opposans se com-
portent envers ceux des membres de nos chambres législa-
tives qui leur déplaisent. Il est impossible d'agir d'une façon

plus déloyale ; ils refont entièrement leurs discours, ils tronquent leurs discussions, ils dénaturent leurs idées, ils ajoutent ou retranchent des paragraphes entiers, selon qu'ils favorisent ou blessent leurs passions, puis ils s'emparent de ces discours ainsi falsifiés par eux, et ils lancent contre leurs prétendus auteurs les plus violentes, les plus insolentes accusations d'ignorance, de servilisme et de lâcheté. Par ce moyen, la nation est grossièrement trompée sur les projets et les intentions du gouvernement, elle ne connaît que les raisons de ses adversaires. En lisant ces petits discours fades et décolorés des orateurs ministériels à côté des superbes discours des députés opposans, chacun se récrie sur l'ignorance des soutiens du pouvoir et sur l'immense talent de leurs adversaires. On ne comprend pas qu'on puisse résister aux foudroyans discours de l'opposition, surtout lorsqu'on ne peut leur opposer que les phrases insignifiantes que les journaux mettent dans la bouche des députés ministériels ; et si la loi passe, tout le monde est disposé à croire à la corruption, aux influences occultes dont parlent les journaux.

Dans l'état actuel de la presse périodique, un député se trouve placé dans la douloureuse alternative de se mettre à la discrétion des partis, d'épouser leurs rancunes et leurs passions, pour recevoir beaucoup d'éloges en échange, ou de s'exposer aux calomnies et aux injures les plus violentes, et de se voir signaler tous les jours à la haine et au mépris de la nation, s'il veut rester indépendant.

Beaucoup de députés ont sans doute le courage de braver les outrages dont on les abreuve ; ils préfèrent l'accomplissement de leurs devoirs aux vaines flatteries des partis ; cependant, il est certain que beaucoup d'autres reculent devant les clameurs que les journaux soulèvent contre eux. Ils ne veulent plus soutenir un pouvoir qui ne sait pas où qui ne peut pas les protéger contre les mensonges et les calomnies. Les majorités se déplacent, les ministères tombent et le pouvoir, toujours déposé en des mains provisoires, ne peut rien faire de suivi, de noble et de grand.

Il est urgent, il est indispensable de changer un pareil état de choses. Il ne faut plus que la gloire et l'honneur des représentans de la nation soient à la discrétion de quelques écrivains passionnés. Il faut que les députés ministériels, comme les autres, aient le droit de faire connaître au public les véritables discours qu'ils prononcent à la tribune. Les électeurs qui les nomment doivent pouvoir connaître ce qu'ils veulent, ce qu'ils disent et ce qu'ils font. Lorsque le jour de la réélection des députés ministériels sera venu, il faut que leurs commettans puissent les juger en pleine connaissance de cause, tandis que jusqu'à présent ils n'ont pu le faire que sur des pièces incomplètes ou falsifiées.

Mon plan aurait l'avantage de détruire tous ces abus. En effet, si les journaux continuaient de falsifier méchamment les débats législatifs, le gouvernement aurait la faculté de rectifier les discours de ses amis dans la partie des journaux qui lui serait accordée, et, par ce moyen, on verrait disparaître tous les graves inconvéniens que j'ai signalés. Il est même probable que la faculté, laissée aux orateurs ministériels de faire rectifier leurs discours, empêcherait les journaux de les falsifier, et que ce désastreux abus cesserait ainsi de lui-même.

On voit que l'idée qui domine tout mon projet, consiste à diminuer l'omnipotence que les journaux se sont arrogée par les manœuvres les plus coupables. La liberté de la presse reste intacte ; chacun conserve comme par le passé le droit d'imprimer ce qu'il veut contre le pouvoir. Le droit de censure et de discussion n'est ni diminué ni modifié. Aucune nouvelle peine n'est établie ; je désirerais même qu'on diminuât celles qui existent, car l'expérience a appris que l'énormité des peines était un bien faible préservatif contre l'insolence et la mauvaise foi des journaux. Mais, tout en laissant la liberté de la presse dans le même état, mon projet donne au gouvernement une arme redoutable pour se défendre contre les abus de cette liberté. — On peut dire que, de fait sinon de droit, les ennemis du pouvoir ont seuls joui jusqu'à présent de la liberté de la presse. Seuls ils ont pu porter à la connaissance du public les injures et les calomnies qu'ils lancent contre ses amis. Mon projet changerait tout cela ; il rétablirait l'égalité entre l'attaque et la défense. Il donnerait au gouvernement le droit de parler au public, de l'éclairer sur ses erreurs. En un mot, il donnerait au pouvoir le droit de se servir de la liberté de la presse, ce qui n'a jamais eu lieu jusqu'ici.

Je ne pense pas qu'il puisse rester le moindre doute sur les bienfaits qui résulteraient de mon projet. Cependant il me reste à traiter encore quelques questions qui s'y rattachent, et qu'à mon grand regret je serai obligé de traiter d'une manière fort abrégée.

PREMIÈRE QUESTION. — *Le projet que j'ai développé est-il légal, est-il constitutionnel, est-il juste ?*

Pour résoudre affirmativement cette question, il suffit de consulter la Charte, le droit naturel et le sens commun. La Charte dit que tout français a le droit de publier ses pensées en se conformant aux lois qui répriment les abus de cette liberté. Or, mon projet, ne limitant en rien le droit de publier ses pensées, n'établissant aucune nouvelle condition, ni morale, ni matérielle, ni pécuniaire, il s'ensuit qu'il est parfaitement autorisé par la Charte. Le droit naturel et le sens commun lui sont encore plus favorables. En effet, d'après les lois éternelles de la justice, tout homme, ou toute réunion d'hommes qui se trouve attaquée doit avoir le droit de se défendre devant ses juges; or, dans un pays constitutionnel, les lecteurs des journaux opposans sont les juges du gouvernement; donc, celui-ci doit avoir le droit de se défendre devant ces lecteurs. Mais l'expérience ayant appris que la défense que publiait le pouvoir n'arrivait presque jamais à la connaissance des lecteurs des journaux opposans, à cause de la mauvaise foi de ceux-ci, il s'ensuit que le pouvoir a le droit d'insérer lui-même sa défense dans les journaux de ses adversaires; et non seulement il a le droit de le faire, mais je dis que c'est son devoir. En effet, si le gouvernement était un être distinct, ne vivant que pour lui, peu importerait aux autres qu'il fût méconnu ou injustement condamné, lui seul en souffrirait; mais il n'en est point ainsi, le gouvernement n'est autre chose que la nation officielle, que la nation agissante. Il est extrêmement important qu'il soit bien connu et bien jugé; les plus grands malheurs pourraient résulter de l'ignorance ou même du doute où l'on serait à son égard. Il doit donc faire tous ses efforts pour se défendre et pour se faire connaître tel qu'il est. Et comme il n'y a pas d'autre moyen que de se défendre lui-même dans les journaux opposans, il s'ensuit qu'il est de son devoir de le faire, et de le faire continuellement, parce qu'il est continuellement attaqué.

DEUXIÈME QUESTION. — *Mon projet n'étoufferait-il pas indirectement la liberté de la presse, à cause des discussions toujours renaissantes auxquelles les journaux seraient obligés de se livrer ?*

Pour résoudre promptement cette question , j'avouerai franchement , qu'en effet mon projet détruirait la liberté de la presse si les journaux ne changeaient pas leurs allures. S'ils continuaient de bavarder à tort et à travers comme ils le font aujourd'hui ; s'ils admettaient avec la même légèreté toutes ces anecdotes vraies ou fausses qui remplissent leurs colonnes ; s'ils voulaient raisonner sur le premier sujet venu sans l'avoir étudié ; s'ils se livraient à ces attaques si violentes contre le pouvoir , et souvent si mal fondées , je conviens que leur position ne serait pas longtems tenable. Il serait si facile de prouver leur ignorance et leur mauvaise foi, les critiques qu'on leur adresserait seraient si piquantes, leur orgeuil en serait si violemment froissé, qu'ils seraient obligés de quitter la partie ou de changer totalement leurs vieilles habitudes. Mais c'est là précisément ce que je voudrais obtenir. Je voudrais désorganiser complètement le vieux système du journalisme. Je voudrais étouffer cet esprit mesquin et hargneux qui s'épanche en attaques personnelles et passionnées, qui développe les haines et les divisions, qui s'occupe d'idées étroites, stériles et désorganisatrices, au lieu de s'occuper sérieusement des besoins réels du peuple et des moyens de rendre notre belle France véritablement libre, heureuse et puissante.

Le vieux journalisme serait donc détruit, du moins je l'espère ; mais la liberté de la presse périrait-elle avec lui ?

Parce qu'on ne pourrait plus mentir et déraisonner, la justice la raison et la vérité n'auraient-elles plus d'organes ? Ne serait-il plus permis de signaler les véritables erreurs du pouvoir, de dévoiler les abus, de flétrir les actes injustes ou despotiques ? On voit qu'au contraire, la justice, la raison et la vérité seraient bien plus puissantes s'il n'était pas possible de les mêler avec les erreurs, les passions et les préjugés. L'influence des journaux sera bien plus salutaire le jour où il ne leur sera plus permis d'égarer l'esprit de leurs lecteurs par des mensonges et des calomnies.

Si les journalistes étaient soumis à une critique sévère et continuelle, ils seraient obligés de rédiger leurs écrits d'une manière bien plus consciencieuse. Une ère nouvelle commencerait pour eux ; au lieu de se livrer à ces vaines déclamations, à ces injurieuses attaques personnelles, qui ne font qu'aigrir les esprits sans les éclairer ni les convaincre, ils aborderaient les sujets véritablement utiles au bien général ; ils feraient des études profondes sur les besoins du peuple et sur les moyens de les satisfaire. Ils attaqueraient les préjugés et les abus, non plus avec des sophismes et des injures, mais avec les armes de la justice et de la raison, les seules qui soient invincibles. Entre eux et les écrivains du gouvernement s'établiraient des discussions animées qui tourneraient toujours au profit et à l'instruction de tout le monde. Lorsque les journalistes auraient raison, en détruisant une à une toutes les objections du pouvoir, ils montreraient bien mieux la justice de leur cause qu'ils ne peuvent le faire aujourd'hui avec leurs injures et leurs déclamations. De son côté, le gouvernement, éclairé lui-même par cette discussion, céderait devant les raisons loyales et consciencieuses qu'on lui aurait données bien plus facilement qu'il ne peut le faire devant les grossières et violentes injures qu'on lui adresse aujourd'hui. Dans les circonstances où le gouvernement aurait raison, les journalistes, bientôt convaincus de l'injustice de leurs attaques, les abandonneraient pour s'occuper d'un autre sujet bien plus profitable. De sorte que le public y gagnerait immensément de tous côtés; car il serait bien mieux éclairé sur les véritables abus du pouvoir; il aurait plus de chances de les voir disparaître; son attention ne serait plus occupé de choses oiseuses, mauvaises, ou impossibles à réaliser, parce qu'on aurait soin de lui en signaler les vices à mesure qu'on lui en parlerait, et par ce moyen il ne serait plus exposé à ces désillusions, à ces amers désenchantemens, conséquences inévitables des espérances chimériques dont on le berce continuellement. Témoin impartial de discussions graves et consciencieuses d'où les injures et les vaines déclamations seraient bannies, il se formerait des idées justes et précises sur les hommes et les choses, ce qu'il ne pourra jamais faire tant que les journaux continueront de ressembler à des caquetages de portière et à des harangues de poissarde.

TROISIÈME QUESTION. — *En établissant une magistrature officielle, puissamment organisée, répandue sur toute la France, composée d'hommes d'élite chargés de traiter tous les sujets moraux et politiques, ayant des relations avec tout l'univers, ne pourrait-on pas craindre de fonder dans l'état une puissance rivale des autres et capable de les absorber toutes?*

Non, car cette magistrature ne serait pas inamovible,

elle serait vis-à-vis du pouvoir à peu près dans la même position que les procureurs-généraux des Cours royales, les
avocats du Roi, etc. De sorte qu'elle ne pourrait jamais
tourner sa puissance contre lui. En outre, comme elle serait
à peu près exclusivement établie pour combattre la puissance désorganisatrice du journalisme, il s'ensuit que plus
elle aurait de force et d'influence, plus elle pourrait protéger et défendre tous les autres pouvoirs contre leur en-
nemi commun.

QUATRIÈME QUESTION. — *En formant une puissante magistrature chargée de défendre tous les pouvoirs ; en lui donnant
une existence avouée, officielle, ne risquerait-on pas de com-
promettre le gouvernement dans beaucoup de circonstances ?
Lorsque ces magistrats traiteraient un sujet, n'attribuerait-on
pas leurs idées aux ministres eux-mêmes ? Lorsqu'ils se tai-
raient ne pourrait-on pas arguer de leur silence pour établir
les suppositions les plus fausses, et parfois les plus compro-
mettantes pour le gouvernement ?*

Aujourd'hui les défenseurs du pouvoir n'ont aucune existence officielle ; on ne les connaît même pas toujours ; eux-
mêmes, comme honteux de leur rôle, nient souvent que
telle soit leur fonction, ils tiennent à honneur de se dire
libres, indépendans. C'est qu'en effet, il y a dans leur position quelque chose de choquant, je dirai même d'humiliant
qu'on redoute d'avouer. Ce ne sont pas des fonctionnaires
chargés d'une mission sociale ; ils sont comme attachés à la
personne des ministres dont ils paraissent être les créatures.
Cela est si vrai, que certains écrivains et même certains
journaux tout entiers, sont uniquement chargés de défendre

la personne et les actes de tel ministre en particulier, pendant qu'ils ne se gênent pas pour attaquer les autres. Leur salaire, s'ils en reçoivent, n'est pas connu. Tout est obscur, mystérieux dans leurs actes et leurs intentions. Il y a dans un tel état quelque chose qui tient de l'agent de police plutôt que de l'homme chargé d'une haute mission sociale. On conçoit combien une telle position est favorable aux interprétations malveillantes. Comme ces écrivains ne paraissent avoir aucune existence propre, qu'ils ne paraissent quelque chose que par les relations directes ou indirectes, patentes ou cachées qu'ils ont avec les agens du gouvernement, on ne manque pas d'attribuer au pouvoir ce qu'ils disent et ce qu'ils taisent. Ne pouvant pas se défendre eux-mêmes devant les lecteurs de leurs adversaires, ceux-ci ne manquent pas d'abuser de leur position incertaine pour en tirer les plus mauvaises conséquences.

D'après mon projet, au contraire, les défenseurs du gouvernement auraient une existence propre, qui à la rigueur serait suffisante pour les faire agir *sans aucun secours étranger*. Ils formeraient une magistrature répandue dans toutes les principales villes de France ; elle aurait des chefs qui lui donneraient une impulsion uniforme, des correspondans dans toute l'Europe pour l'informer de tous les faits importans ou curieux. Sa mission, comme celle des procureurs-généraux, des avocats du Roi, etc., serait, non de défendre en particulier la personne et les actes des ministres, mais de défendre en général la morale, la vérité, la justice, l'ordre et les lois, et de les défendre avec les seules armes de la raison et du talent. Sans doute son amovibilité, sa hiérarchie, toute son organisation lui interdirait de se mettre en opposition avec le pouvoir ; sans doute aussi celui-ci devrait avoir des relations fréquentes avec elle pour lui donner des inspirations et des renseignemens. Néanmoins le pouvoir ne serait pas plus responsable de ses écrits qu'il ne l'est des réquisitoires des procureurs-généraux avec lesquels cependant il a des relations très fréquentes. On voit donc que d'après mon projet, le gouvernement serait moins compromis par les paroles et le silence de ses défenseurs officiels qu'il ne l'est aujourd'hui par ses défenseurs officieux.

CINQUIÊME QUESTION. — *Les dépenses que mon projet exigeraient ne seraient-elles pas assez fortes pour l'empêcher d'être mis à exécution ?*

Je pense que les écrivains, attachés aujourd'hui aux journaux dits ministériels, suffiraient, au moins en commençant, pour faire ce que je demande ; et en supposant qu'on leur donnât des traitemens plus forts en proportion de la position plus élevée dans laquelle on les placerait, je suis convaincu que les bénéfices qu'on ferait par la suppression du matériel de leurs journaux, compenseraient, et au delà, cet excès de dépense ; enfin je pense que pour une chose de cette importance, il ne faudrait pas reculer devant une dépense de quelques milliers de francs de plus.

Il ne serait pas nécessaire de faire une nouvelle loi pour essayer mon projet. D'après un article des lois de septembre dont on ne s'est presque jamais servi, le gouvernement a le droit de forcer les journaux d'insérer *en payant* tout ce qu'il leur présente. Pour essayer mon projet, il suffirait donc de signifier aux principaux journaux que désormais le tiers de leurs colonnes serait rempli par des articles du gouvernement. Un certain nombre d'écrivains serait chargé de rédiger ces articles et de les faire insérer dans ces journaux. Ces écrivains devraient être des hommes fermes, dévoués et habitués à traiter toutes les questions politiques. Attentifs à surveiller les écrits de leurs adversaires, ils ne laisseraient jamais passer une seule idée deplacée, un seul mot de travers sans les relever et les critiquer. Ils dévoileraient à la face de la nation les fausses nouvelles, les mauvaises interprétations, les mensonges, les bévues qu'ils se permettraient. Le passé même ne serait pas à l'abri de leurs attaques. Maintes fois il est arrivé que les journaux ont fait échouer d'excellentes intentions du gouvernement ; maintes fois leur malveillante polémique a grossièrement trompé le public à la faveur de l'omnipotence dont ils ont joui jusqu'ici. Il faudrait donc scruter leur passé, et montrer à leurs lecteurs quels désastres ils ont occasionés à la France. Il faudrait fouiller dans leurs archives, en exhumer les articles contraires à leur opinion du jour et développer les motifs, les intérêts, les passions qui ont produit ces changemens. Cette critique devrait s'étendre à leurs articles de littérature, de beaux-arts, de morale, d'industrie, de politique, en un mot à tout ce qu'ils diraient *sans jamais leur laisser un seul jour de relâche.*

Les écrivains chargés de la noble fonction d'éclairer le public ne devraient pas se laisser effrayer par les cris et les plaintes des journaux. Ayant désormais comme eux le droit de parler à la nation, il leur serait toujours facile de réduire au néant leurs sophismes et leurs vaines déclamations. Impassibles devant les clameurs des journalistes, armés du flambeau de la raison et de la vérité, ils devraient poursuivre ces ignorans charlatans jusque sur les tréteaux où leur fatuité s'étale. D'une main inexorable ils montreraient à la France la fausseté de leurs principes , le néant de leurs doctrines, et les passions qui les conduisent. On verrait alors que ces prétendus grands hommes ne sont, la plupart, que d'insolens bavards dont la tête ne contient pas une seule idée vraiment utile pour le peuple. On verrait que cette passion pour la chose publique , que cette colère contre les agens du pouvoir, que tout ce fracas de sentimens philantropiques dont ils nous étourdissent, ne prennent leur source que dans un orgueil insensé ou dans une insatiable ambition.

Je ne sais si je m'abuse, mais à voir la manière ignorante et passionnée dont la plupart des journaux de l'opposition sont rédigés , je ne crois pas qu'il y en eût un seul qui pût résister à de pareilles attaques pendant deux mois sans changer totalement ses manières d'agir. La surveillance continuelle à laquelle ils seraient soumis, la critique impitoyable qui s'attacherait à leurs moindres erreurs, l'obligation dans laquelle ils seraient d'éviter les mensonges, les sophismes, les vaines déclamations, les placeraient dans une position qu'on n'a encore jamais vue nulle part. Une ère entièrement nouvelle commencerait pour la presse ; à la place de ces articles si véhémens, où les injures et les calomnies remplacent la raison, elle serait obligée de substituer des idées justes, nettes et claires. Au lieu de chercher à soulever les passions et les préjugés par des paroles souvent ignobles, elle chercherait à éclairer les esprits par un langage noble et décent. L'action désorganisatrice qu'elle a exercée jusqu'à présent serait remplacée par une influence morale et civilisatrice qui serait éminemment avantageuse aux gouvernés et aux gouvernans.

Si l'essai que je viens d'indiquer réussissait comme je l'espère, on proposerait une loi pour régulariser mon plan et pour le mettre à exécution sans qu'il en coûtât trop à l'État.

Paris. — Imp. de Lottin de St.-Germain, rue Nazareth, 1.